La commedia è finita

Corrado Torri

Introduzione

"La commedia è finita" è una libera rilettura umoristica, canzonatoria e irriverente, del grande poema dantesco, pensata e scritta in modo dissoluto, lussurioso, e assolutamente inverecondo. Racconta, parafrasando con rispetto e umiltà la più grande opera della letteratura italiana, il viaggio che Dante fa a Roma per risolvere i suoi problemi esistenziali e di natura emotiva e sessuale, nonostante la sua ancestrale avversione per l'Urbe. Nel De Vulgari Eloquentia Dante afferma: «il volgare dei Romani, non volgare anzi, ma piuttosto squallida parlata, è il più brutto dei volgari italiani, il che non è strano perché anche nei loro brutti usi e costumi, i Romani appaiono più lerci di tutti gli altri popoli.»

Ma sarà proprio grazie a Roma che il Sommo Poeta troverà le soluzioni necessarie a rivalutare e rilanciare la prospettiva della propria vita, tanto che giungerà ad una totale conversione.

"La commedia è finita" non vuol essere né una traduzione, né un riassunto, né una variante in romanesco della Commedia, bensì una sorta di personale monumento al mio dialetto, oltre che un autentico atto di militanza sociale e culturale. Per questo motivo, nel nono canto, mi sono permesso con molta devozione di omaggiare il grande Giuseppe Gioacchino Belli, citando alcuni versi della sua poesia "La madre delle sante". Il Romanesco che ho usato non è tuttavia stilisticamente perfetto, presenta infatti diversi italianismi e parecchie inversioni nella costruzione delle frasi, al fine di mantenere una similitudine metrica con l'immenso Poema. I versi sono naturalmente endecasillabi, raggruppati in terzine dantesche, dette anche a rima incatenata, o in terza rima, dove il primo e il terzo verso rimano tra loro, mentre il secondo lega con il primo e il terzo della terzina successiva. Ognuno dei diciassette canti (tranne l'ultimo) termina con un ulteriore verso che chiude la rima con il secondo della terzina che lo precede. Anche "La commedia è finita" rispetta questa regola, e termina con la parola "stelle", quelle che solo a Roma, il Sommo Poeta vedrà così luminose.

C.T.

I

Si arivi a 'n certo punto de la vita
senz'attraverzà mai la serva oscura,
hai preso 'n' antra strada o l'hai smarita.

Chi ce lo sa 'sta pena quanto dura,
perché 'sta serva nera, aspra e forte,
se dice che sia proprio da paura!

Manco è amara e manna via la morte.
Un giorno, quatto quatto ce provai,
ma 'r sottopanza nun ciaveva scorte,

tanto che poi a la fine nun c'entrai

e puro si ormai stavo su quer punto

facetti marcosvigna e abbandonai.

Mannaggia a me, propio sur colle giunto,

da 'ndove arimiravo quela valle

me sò trovato co 'sto fregno smunto.

Smicciavo in arto e viddi le sue spalle,

lei me guardava là, ma nun saliva

e disse: «A scemo, fòri da le palle!»

Così cor coso mio ch'ancor fuggiva,

me vorzi indietro a rimirà quer sogno

tramente lei 'ncazzata se vestiva,

perché nun j'ho appagato quer bisogno.
«Chissà chi troverai sur tu' cammino
e sarvognuno quanto me vergogno.»

Poi 'n giorno era 'r momento der matino
ch'er sole smorza tutte l'antre stelle,
c'è 'n omo co 'na berva e m'avvicino:

«È tuo quer cane? Fa aggriccià la pelle!»
«Quest'è 'na lupa e de lei sò 'r fijo,
lei m'ha pasciuto co le su' mammelle

e senti a coso, mo te do 'n conzijo:
io ho sparzo er mi' talento a piene mano,
sò un pozzo de sapienza, sò Virgijo.

Appetto a me te devi sentì un nano,
peccui me devi fà la riverenza,
tribbuto ar genio italico e romano.»

«Pe me te sei 'n maestro innanzitutto,
però Virgi te prego, fa' er favore:
aiuteme che me fa male tutto

e prima che me schioppa er mar de còre
e vado in pizzo a Fiume e me ce butto,
impareme come se fà l'amore.»

«Io te lo 'mparo, ma che sò ste lagne?
Ce vorà tempo, mica 'n paro d'ore,
però fa' er serio e smettela de piagne.

Pe principià, sai in giro che se dice?
C'è una qua che leva le magagne,
è bòna com'er pane 'sta Beatrice.»

«Ma ciò provato, co 'na granne voja
e lei ce stava, ero così felice,
ma poi tremavo peggio de 'na foja.»

«Io ce sò stato Dà, che te sei perzo,
nun j'abbastava mai, è 'na gran gioia
eppoi m'ha fatto vede l'univerzo.

Nun è che tante vorte la natura
t'ha fatto sommo e puro 'n po' diverzo?
Perché si fusse questo nun c'è cura.»

Allora io je dissi: «Qual è 'r metro?
Virgi pur'io sò 'n omo de curtura,
ma lei giace co Guido, Lapo e Pietro.

Sarà, ma sento puzza de congiura.»

II

«A Dante daje retta a quer che dico
ce devi da parlà, co discrezzione,
nun fà lo scemo che io te sò amico.»

«Davanti a quela maggica visione
Virgijo mio nun ciò capito un fico
e ho fatto la figura der cojone.»

«Je devi chiede scusa, l'hai capito?
'Na rosa, 'n comprimento e fatte conto
che si nun s'arza più ciai sempre er dito.

Te ciaccompagno io, ma nun fà er tonto,

penza a risorve li probblemi tui

sinnò rimedierai solo 'n affronto.»

«Quest'è 'na donna de virtù peccui,

me devo fà passà 'sto rodimento,

l'ha data quasi a tutti tacci sui.

Io nu' lo so co lei come divento,

però oramai me sa ch'è troppo tardi

perché lei possa damme er su' talento;

l'artr'ommini la copreno de sguardi,

mentr'io che nun sò in grado de fà centro

vorebbi pagà un frego de mijardi...»

«Sicché te piacerebbe entramme dentro?»
Me intese, che figura e me rispose:
«Si fai cilecca ancora poi te sventro!

Te devo 'mparà prima 'n po' de cose,
la serva oscura mica te fà male,
de fòri è nera e drento cià le rose.

Io sò 'na donna vera e come tale,
si tu nu' je la fai sai 'ndo te manno
si nun spegni 'sta fiara che m'assale;

perciò datte da fà m'ariccomanno,
nun me faccio venì le ragnatele
e pe fatte rinvigorì quer panno

ce sta Lucia, bella e 'n po' crudele,
capace de fa storce puro 'n santo,
però pe svejà te ce vò Rachele.»

«Beatrì te prego, famme scrive un canto,
nun vedi che 'sto coso nun connette?
Nun je la fate manco in tre, che pianto!»

«Ma come, ciai tre donne benedette,
bòne, gnude e te perché stai a fà così?
Sei nespola, ce devi da rifrette!

Dì, che te pija? Qua nun vòi venì?
Se pò sapè a che penzi, ciai paura?
A Dà, lo sai che nun te sto a capì?

Lo sai che c'è? Sei propio 'na sciagura,
co quela nasca e quela cosa floscia,
sei peggio de 'n mandato de cattura!

Mo basta de fiottà e de dì poscia,
stai tutt'er tempo qua a parlà cor cèlo
e manco 'na manata su 'na coscia.

Tu resta a scrive qua, da solo, ar gelo,
tanto noi lo trovamo chi ce sfianca,
lo famo addrizzà a tutti er santo stelo

e nun te crede poi de falla franca
manco si te 'nginocchi ar padreterno,
lo raccontamo a tutti, a destra e a manca

che sei 'na mammoletta, va all 'inferno!»

III

È corpa mia e de 'sta città indolente
si devo da campà co 'sto dolore,
ma quant'è brutta 'sta romana gente.

Pare che fanno festa a tutte l'ore
e puro quann'è inverno pare estate,
te credo che sò forti a fà l'amore.

Parlate male, così come campate,
ma armeno ce l'avete bello duro,
beati voi che in serva je c'entrate.

Vorebbi strufinà la faccia ar muro,

perché 'sta vita mia è cupa e indegna,

sò certo che pe me nun c'è futuro;

allora me vortai, viddi 'n'insegna

e 'n omo co 'na donna se presume

faceveno scintille su la legna.

È propio la città der marcostume,

sò stanco e qui nisuno m'assomija,

ecco che faccio, mo me butto a Fiume,

m'addormo e 'n accidente che ve pija!

IV

Doppo d'avè dormito così tanto,
er sommo fu svejato tutt'a 'n botto
da 'n sogno gonfio gonfio de rimpianto

e co quarche sospiro, lagno e fiotto,
deqqua der sonno sentì come 'n foco,
ma che nun je veniva da là sotto.

'Na luce sfavillante a poco a poco
arischiarò er poveta agonizzante
e messo da la sorte fòrigioco.

Peccui intese 'na voce 'n po' distante,
quattr'ommini parlaveno romano,
ar che uno je fece: «Aò a Dante!»

Sicchè 'r poveta j'allungò la mano
e riconobbe in men che nun se dice
Omero, Orazzio, Ovidio co Lucano.

Guardanno mejo fu meno felice,
perché arivorno gnude pe la via
Camilla, Giulia e Marta co Beatrice,

quest'urtima je fece: «Mamma mia!
Scommetto che stai a piagne er miserere,
che pena a muffoletta, pussa via!»

Se lo smicciò e s'allisciò er sedere...

V

Doppo se 'ncamminò pe la Subbura,

tramezzo a li sghignazzi e la caciara

je parse de 'ntravede 'na buzzura,

che se portava appresso 'na fiumara;

invece era Creopatra, l'eggizziana,

che n'ha collezzionati 'na mijara.

Eppoi ce stava Elena, spartana,

che come riccontò l'amico Omero,

Paride suo la straformò in...trojana.

Ar pòro Dante 'n je pareva vero,
ciaveva pe la testa li castelli
e je se stava a storce 'gni penziero,

perché vedè volà tutti st'ucelli
e scrive 'na commedia più divina,
canti mai più, ce vonno li stornelli.

Achille e Semiramide reggina,
anvedi pure Isotta co Tristano,
tutt'immischiati a fà la cavallina.

Deppiù c'è quela coppia fòri mano,
come du' rondinelle a primavera
e Dante chiese lumi a un monticiano,

che j'arispose co 'na bon magnera,
ciovè je disse: «Senza mai staccasse
scopano da matina fino a sera.»

E Dante invece de fà er vago e dasse,
penzò siconno lui che a mente fresca
era mejo parlacce e avvicinasse:

«Ma voi nun sete du' vattelappesca,
ma queli due c'ho sempre disprezzato:
Paoletto de Firenze co Francesca.»

«E mo che vòi a brutto disgrazziato!»
Je fece lei co 'n'aria 'ndiferente,
«Me posso 'nnammorà de mi' cognato?»

«E nun ce frega gnente de la gente.»
Aggiunse lui co 'n tono appassionato.
«Noi se volemo bene veramente,

l'hai visto mi' marito ciorcinato?
Come facevo a rimanecce lì?
È brutto, vecchio e pe deppiù sciancato.

Paoletto 'nvece, lui me fà 'mpazzì,
peccui senti a nasone, mo t'avviso,
nun scrive gnente e facce divertì;

'sta smania che m'ha corto a l'improviso,
m'ha offerto 'n omo in più superdotato,
che me lo sta a dà in vita er paradiso.»

Paolo je disse: «Mo t'amo avvisato,
se dice in giro che sei 'n po' bigotto,
sappi che a noi un libro cià 'nguajato;

t'hai da scordà de noi a cacasotto,
sinnò te faccio aricordà 'sto giorno,
te faccio vede io chi è galeotto!»

Allora Dante poi se guardò attorno,
nun vidde ner rione più decoro
tramente l'artri due ricominciorno.

Però penzò tra sé: «Beati loro,
che cianno er fòco addosso e 'nvece io
me sento da morì e mo me moro!

Così me se riccoje armeno Iddio.»

VI

«Svejete a Dante, è tardi nu' lo vedi?»
Strillò Virgijo ar sommo rattrappito
e Dante che nun s'areggeva in piedi

rispose palliduccio e 'n po' intontito:
«Ho fatto 'n sogno peggio de la peste,
un mostro orendo e tutto 'mpreciuttito

me fa: "Sò Cerbero, o mejo Oreste."
'Na voce brutta, ancora me rimbomba,
"Sto qua pe te, sò er ca...ne co tre teste,

te sò venuto a preparà la tomba
co 'n epitaffio che te sta a misura,
qua sotto ce sta uno che nun tromba!"

Virgì, vojo annà via da sta Subbura
piena de gente infame, bande e teppe,
nun posso scopà in mezzo a 'sta zozzura.»

«Ma che vòi annà e vòi annà, ce sta zi' Peppe,
prima de cammià zona me viè in mente,
quello fa rifiatà tutte le ceppe

e cià 'n bordello ch'è pieno de gente,
ce stanno quelle bòne più tranquille
e artre sò arapate eternamente,

vedrai che puro te farai faville,
basta che cacci fòra 'n po' de grano
e che la smetti de fà l'imbecille;

te vojo dì, ma guardete le mano,
te ce stai a fà venì li calli,
un po' vabbè ma mica a tutto spiano.

Devi accannà coll'artri a giudicalli,
te penzi d'esse mejo? Che te credi?
Buttete in mezzo invece de guardalli.

Io m'aricordo er giorno che ciagnedi,
nun era gnente quer c'avevo inteso
me sollazzorno puro co li piedi.»

«*Maestro mio, ma te pe chi m'hai preso?*
Quella è gente che ner peccato affonna,
sò tutte scaje e io me sento offeso.»

«*A Dà ma che voresti la Madonna?*»
Virgijo j'arispose spazzientito.
«*Io penzo che tu sei dell'artra sponna!*»

«*A sor maè, ma che te sei ammattito?*»

VII

Se 'ncamminorno verzo er Fagutale
e 'r sommo disse: «Aò, mejo stà attenti,
dellà su quela strada c'è quer tale,

er guerfo che se chiama Pippo Argenti.
Rugante e prepotente è sempre stato,
me dette 'n leccamuffo su li denti.»

«Er monno nun è grosso a disgrazziato!»
Lo riconobbe e disse: «Io ciò la prova
perché proprio quer giorno t'ho menato.

La debbolezza tua mica ch'è nòva,
lo posso dì mo che ce sò passato,
'na checca come te mica se trova.

Quer giorno che m'hai visto là ar mercato
m'ero 'nchinato a raccattà 'n fiorino
eppoi da dietro tu me l'hai appizzato.

Ma io sò guerfo mica ghibbellino,
riccontajelo ar tu' accompagnatore
che te ciò messo a te a pecorino

e me perdoni Cristo, mio Signore,
io spinsi forte e questo doppo venne,
tant'è che fece puro un gran rumore

e quinni 'sto poraccio che vò intenne,

è che a 'sto punto tocca fà presente

che quanno lui lo vede, lo pretenne.

Me aguro fu solo 'n precedente,

inzomma se po' dì ch'è da 'n pezzetto

che 'sta domanna frulla pe la mente

e dimo che a Firenze c'è 'r sospetto,

se dice in giro tanto a la rinfusa,

che 'r sommo ciabbia proprio quer difetto;

lo confermorno inzieme a la Medusa,

Aletto, Tisifone e la Meggera,

che quanno vede un maschio fa le fusa;

ce se sò messe pe 'na sera intera,
ciaveveno le mano ormai dolenti,
ma de fallo arapà nun c'è magnera.

Ste pore erinni tra mille lamenti
l'hanno accannato.» Ar che Virgijo fece:
«Te fai pijà p'er culo da le genti!»

«Virgì, l'artari ormai se sò scoperti,
c'è artro che 'r poveta nun te dice,
parlò co Farinata dell'Ubberti

pe chiedeje la mano de Beatrice,
la fija ch'era zeppa de seguaci,
no Portinari, ch'è 'na meretrice.

Er duca disse: "A Dante nun me piaci,
co che coraggio venghi qua davanti,
ma che nun te vergogni, sgomma e taci,

che poi mi fija già l'ha data a tanti
e senti che te dico e nun è poco,
mo je la dà a Guido Cavarcanti.

Vattene a Roma, la città der fòco,
hai visto mai che là te viene tosto,
ma basta che sparisci da 'sto loco".

"Nun sai tu le speranze c'ho riposto"
je disse Dante poi parlanno onesto,
"e te farò vedè a che sò disposto".

"Ammazzete però si sei molesto."
"A Farinà, io posso fà de tutto,
si t'avvicini te lo manifesto".»

«È vero sor maè, ma è stato brutto
e da lì in poi successe 'n tatanai,
m'ha mezzo violentato er farabbutto.

Giacché allor ciagnedi e m'accostai,
quer porco me strillò de prim'acchitto:
"Da la cintola in giù me toccherai!"

Viddi là Farinata tutto dritto,
me sò inchinato co le mano gionte,
ciavevo già la faccia sur su' fitto

e lui gonfiava er petto a me difronte
e me strigneva ancor più forte a lui,
dicenno: "Girete, mettete a ponte".

Nu' ricordavo manco più chi fui,
però fiottavo e dissi a quer zelloso,
"me stai a fà male li mortacci tui!"

Ma quello gnente, sempre più vojoso,
nun me scanzai e tutto je l'aperzi
che quanno m'affonnò drento cor coso

me fece: "Bravo, scrivece du' verzi!"
Annava come 'n treno, zicche e zacche
eppoi infierì: "Te piace, mica scherzi..."

Ma venne notte e co le membra stracche

penzavo che ar principio me doleva,

ma poscia me piaceva er patatracche...

Ma me faceva male me faceva.»

VIII

Virgijo disse: «E mo lo sai che famo?
Se famo 'n discorzetto in santa pace
su 'sto probblema tuo già che ce stamo.

Quinni parlamo si nun te dispiace
der fatto che tu scappi da 'sta cosa,
che sotto sotto è l'omo che te piace.

Nun te penà pe l'onta religgiosa,
avoja quanti già ce sò passati,
che campeno senza la varpelosa;

senza lottà, ormai sò rassegnati,
nun serve d'affrontà ste sofferenze,
sinnò fanno 'na vita d'addannati.

Me pare che nun sò più coincidenze,
de fatto te ciai er culo chiaccherato
apposta sei scappato da Firenze.

Ma sei venuto a Roma e hai sbajato,
li vedi sti rioni, sò arveari,
si uno sa 'na cosa ha già parlato

e speciarmente ne li lupanari
ce stanno bulli, ladri e magnapreti,
imbriaconi, indovini e pataccari;

te pare mai che nun sò 'n po' indiscreti?
Ma puro si circolerà la voce
arimarà laggiù a li bassi ceti.

Allora a Dante nun te mette in croce,
cammina dritto che me pari stroppio,
mettete bene e allaccete le cioce.

Namo, scennemo giù pe Colle Oppio,
ma si prima me stavi solo a 'n parmo
dar culo mo, me devi da stà 'r doppio!»

«Te seguo sor maè, ma statte carmo!»

IX

Così scennemmo piano piano er colle,
Virgijo avanti, io appresso a li su' passi,
che camminamme affianco più nun volle.

«Io nun vorei che tu ciaripenzassi
e a la ricerca de la retta strada
me piacerebbe che m'accompagnassi.»

«Io ciariprovo a Dà, ma ovunque vada
te guiderò cor "pen" dell'intelletto,
ma nun fa scherzi strani a Dante bada...

Lo devi fà pe gioia e pe diletto,
t'hai da levà dar muso st'aria sfranta,
pe principià hai da 'mparà 'r dialetto.

De donne a Roma ce ne sò millanta:
c'è quella silenziosa che te straccia
e quella che te fà l'amore e canta;

te devi mòve tipo sotto traccia,
presempio guarda là quella che gnocca,
a Dà, si vòi magnà devi annà a caccia.

La vedi com'ancheggia eppoi che bocca,
perché le zinne? E la vitina snella?
E quer dedietro? Penza a chi je tocca!»

«A sor maè, me pare 'na modella.
A fata, a bòna ciao me chiamo Dante,
ma tante vorte che ciai 'na sorella?»

«Devi esse spiritoso e no ignorante.
Te svelo da la prossima terzina,
li nomi de "la madre delle sante":

dimo grotta, patacca e passerina,
fessa, spacco, fessura, bucia e cella,
fregna, fica, ciavatta e chitarina;

sorca, vaschetta, fodero e frittella,
cicia, sporta, perucca e varpelosa,
patonza, gattarola e finestrella;

fischiarola, quer fatto e quela cosa,

ciumachella, fracoscio e la patata,

la gabbia de l'ucello e la brodosa.

Quest'è 'na lingua a Dà, no 'na parlata,

sbrilluccicata da Gioacchino Belli,

vergognete d'avella martrattata.

Roma è 'n tesoro zeppo de gioielli!»

X

Er giorno doppo drent'a 'n'osteria
Dante je fa: «Virgì, maestro mio,
me sta a venì 'na bella fantasia;

le cose c'ho 'mparato sò 'n fottio
e senza te nun avrei visto gnente,
ma mo sò pronto quant'è vero Iddio.

Ormai ciò 'n chiodo fisso ne la mente
e smiccia quella, penza che nun vedo
che beve e intanto ciocca ner tramente;

mo m'arzo me presento eppoi je chiedo:
A bionna, nun vorei mancà de cura,
voresti fà la casa e io l'aredo?

Me mòro da vedè la serva oscura
e quant'è vero che me chiamo Dante
vorebbi anche vedè l'artra fessura.»

Lei j'arispose: «Ammazza che birbante
e scostumato come 'n accidente,
sicché voresti diventamme amante?

Ho inteso in giro dì da certe gente
ch'annava riccontanno in municipio
che più che Dante tu sei ricevente.»

«Ma nun me parlà a me de participio,
vedrai ch'avrai da me quer che me chiedi
e io te lo darò fin dar principio.

Perciò mia cara daje arzete in piedi,
famme vedè 'r dedietro, su sculetta,
sbottona, mòvi l'anca eppoi procedi.»

Ar che lei se girò e disse: «Aspetta...»
E j'acchiappò li fianchi a braccia tese.
«Ma che già vòi infilà, ma che ciai fretta?»

Pareva indiavolata, infatti scese,
tramente je sfoggiava 'n ber soriso,
ficcò le mano drento e je lo prese

ar punto che s'accorse a l'improviso,
che giù c'era 'n evento assai potente,
che dar de sotto j'arivava ar viso.

Nun se teneva più, era 'mpazziente,
mancava poco poco e aveva vinto,
er coso era guarito finarmente;

defatti stava ancora sur procinto,
dovette armeno ritirà la punta
pe quanto in fonno je l'aveva spinto.

«Ma che te faccio male? Sei 'n po' smunta?»
Je chiese, ma je stava ancora addosso.
«Come te chiami?» «Io me chiamo Assunta!»

Giacché tramente indietro se fu mosso
je disse: «Ammazza come te sprofuma!»
Ma già penzava a entrà nell'artro fosso.

Lei fece: «A Dà, così me se conzuma!
Te faccio vede quer che preferisco...»
E venne e 'nzieme a lui sortì la schiuma.

Strillò in tutto er rione: «Porco disco!
'Ndo stai maè?» «Sto qua, ma com'è ita?»
«Virgì, Virgijo mio, ciò 'n obbelisco!

Fattelo dì da Assunta, l'ho bollita!»

XI

All'arba se rimisero in cammino
e co 'na voja nòva e lussuriosa,
passorno da la Vezzia ar Palatino.

Li du' poveti viddero 'na cosa
framezzo a quele meravije antiche
'na scena 'n cinichetto appetitosa:

defatti là ballaveno du' amiche
e quela sarabbanna dissoluta
faceva quasi intravedè le fiche.

«Aiutete Virgì che Dio t'aiuta,
ringrazzio er cèlo, 'sta città è 'na fonte
'ndo sgorga in quantità ciccia baffuta.»

E quanno se trovorno fronte a fronte,
le danzatrici come si servisse
je fecero capì ch'ereno pronte.

Dante ammiccò Virgijo eppoi je disse:
«Chi è de voi la prima che s'aggrappa?»
Nun aspettò risposta e le trafisse.

E fu tutt'un zompar de chiappa in chiappa,
«Daje morè sta a te, sotto a chi tocca!»
«A Dante vacce piano, pò fà mappa!»

L'un pe la piaga e l'artra pe la bocca,
ma doppo 'n po' Virgijo nun ce stette
e fece: «A Dà, ma a me quanno me tocca?

Vabbè che manni furmini e saette,
ma te lo vorei dì, pari addannato,
mica serviva 'n antro ammazzasette.

Ce sò rimasto proprio imbambolato,
sei diventato peggio de 'n montone,
j' hai smosso a quele due 'gni connotato.»

«Virgì, me sò 'mparato la lezzione
e mo che 'n petto me s'è acceso er fòco
me sento da lottà come 'n leone.

N'ho fatte secche due, ma è ancora poco!»

XII

«Virgì, ce sta a seguì, chi sarà quello?
Tutto sudato, sta a fà 'na fatica!»
«È Ulisse er greco, dicce fijo bello.»

«Vorei che uno de voi due me dica
come faccio a risorve 'sta magagna
che nun s'accenne più la fiamma antica?

C'è Circe che 'gni vorta fa la lagna,
nun me la dà e me fa tanti saluti
si prima la patacca nun se bagna.»

«Matti voi foste, è mejo si ce sputi,
l'ho fatto co Gertrude e co Fiorenza,
gnente de che, ma armeno 'n po' t'aiuti.»

«Voi due che sète pozzi de sapienza,
ve prego e nu' lo fate controvoja,
vorebbi sarvà armeno l'apparenza.»

«Se sa che te sei uno che t'embroja,
pe quer cavallo finto sei famoso,
potevi conquistà giusto 'na troia.

Nun ce fà perde tempo sei noioso
e invece de stà a fà er morammazzato,
fa' germojà quer monte cespujoso,

perché come Virgijo m'ha 'mparato
'na perla saggia che nun fà 'na piega:
gallina che nun becca ha già beccato.

Comunque a noi lo sai che ce ne frega?
Te pòi fà viola, ce lo sai puro tu,
si a lei nu' je va più, chiudi bottega.

Mo te saluto e te diro deppiù,
si nun te fà ficcà devi provà
a mijorà la scienza e la virtù!

Namo Virgì, ciavemo da trombà!»

XIII

«A Dà» fece Virgijo, «A ripensacce
ar pòro greco ch'amo visto prima
j'hai riccontato 'n mucchio de fregnacce.

Ma che te credi mo che sei 'na cima?
Hai messo fòri 'n'aria da gargante,
si mo te senti maschio tanta stima...»

«Vabbè, nun te penzà che sò 'n birbante,
ce lo sai puro tu da che dipenne,
me le vorebbi spigne tutte quante

e che nun sei contento? Famme intenne,
me stavo a rassegnà d'esse 'mpotente,
ce stavo quasi pe lassà le penne.

Ma si la rincontrassi certa gente,
me leverebbi 'na soddisfazzione
a dije: a stronzo, a 'nfame, a mardicente!

Ce vò a 'sto punto 'na precisazzione
e te la faccio co parole crude
eppoi chiudemo qua 'sta discusione:

le donne le vorebbi tutte gnude
e finarmente mo che sò virile
attappo 'gni pertuggio che se schiude;

m'hanno fatto ignotti 'n fottìo de bile
e mo che sto a scoprì tutte ste gioie,
m'ho da 'mbriacà cor sesso femminile.

Quanno me spegnerò tutte ste voje,
caro Virgijo, te lo dice Dante,
te giuro che me vado a pijà moje.»

«Che ce sarebbe de così eccitante?
Ched 'è tutta 'sta prescia? Che ciazzecca?
È mejo si te fai quarc' arta amante.»

«Virgì, lo sai che ciò la gola secca?
M'abbasterebbe puro quarche goccia,
annamo là che t'offro 'na bistecca.»

«Vabbè, s'annamo prima a fà 'na doccia
eppoi se strafogamo all'osteria,
ma se scolamo subbito 'na boccia.»

«Lo sai che c'è Virgì? Che all'età mia,
la vita mica è lunga e nun t'aspetta,
l'ucello è come 'r tempo e vola via

e quinni sai perché ciò 'n po' de fretta?
Perché vorei trovalla 'na perzona
che l'abbia ancora 'n tantinello stretta;

vorei che fusse arta e 'n po' zinnona
e che ciavesse poi 'na bella chioma,
inzomma vorei proprio che sia bòna,

che se mettesse sempre er perizoma,

che 'gni matina me ce svejo accanto

e ciò la mejo fica che c'è a Roma.

Che t'ho da dì, si tanto me dà tanto,

penzavi puro tu ch'ero diverzo

e 'nvece ciò st'arnese ch'è 'r mi' vanto.

Quanno pur'io credevo d'esse perzo,

all'improviso ringrazzianno er cèlo

sò 'r più felice in tutto l'univerzo,

ma devo riverì chi ha arzato er velo,

amico mio, inzieme a 'sta città

'ndo scaturì er miracolo der pelo.»

«D'accordo a Dà, ma nun me ringrazzià,

co la sapienza t'ho rimesso ar monno,

mo è giunta l'ora e se lassamo qua;

uscimo daje e sai che te risponno?

N'avemo fatte assai de cose belle

e semo stati bene in fonno in fonno.

Namo de fòri a rivedè le stelle!»

XIV

E fu così che co le stelle attorno
se misero sdraiati là vicino
e ner silenzio poi s'abbraccicorno.

Er sommo se svejò de bòn mattino
scejenno d'annà incontro ar nòvo inizzio
passanno prima ar Celio e all'Aventino.

Faceva callo, er giorno era propizzio
e aveva sistemato tutto, tranne
la voja de levasse 'n antro sfizzio.

Allora se diresse a Ripa Granne,
er porto verzo sudde accosto a Fiume
'ndo c'era mercanzia senza mutanne;

defatti smicciò 'n po' e sotto a 'n lume
vidde du' fate pronte pe la festa,
coperte solo da 'n gilè de piume.

Je fece solo 'n cenno co la testa
e disse a una: «A bella giovanotta,
si famo in tre l'amica tua se presta?

Ve posso da 'mparà la giusta rotta,
v'allumo come 'n faro ne la notte
e voi me fate entrà drento la grotta.»

«Si vòi, allora dacce 'n par de botte,
ma annamo 'n po' più là, verzo la riva,
nun te penzà che semo du' mignotte.»

Così l'uccell divino j'appariva
e de le dua, quella più servaggia
co li ginocchi in acqua lo inghiottiva.

Puro colei che nòve cose assaggia
e lui pe fa su e giù venne veloce.
«Peccato troppo presto, aspè mannaggia…»

Poi fece a loro er segno de la croce:
«Ve farei sante, quanto sète bòne!»
Ma intese 'n omo co 'na brutta voce:

«A zoccola chi è 'sto mascarzone?»
Fece 'sto fregno sguallerato e grasso,
«Ma che me stai a tradì co 'sto nasone?

Ma guarda come sei cascata in basso,
co tutto quello che me sei costata,
mo pijo 'n ber bastone e ve ce scasso!

Eppoi chi è mo st'artra sgallettata?»
«Ma chi sei te a scemo?» Fece Dante
«Pe venì qua a strillà e a fà 'sta piazzata?»

«Me chiamo Gioacchino e sò l'amante!»
E seguitò er cornuto: «Lo sò stato.»
Ma Dante replicò: «Scappa all'istante!

Senti Gioacchì, mo m'hai stufato,
sei proprio 'no sficato, sei 'n accollo,
ancora mica te ne sei annato;

me stai a fà tenerezza, pòro pollo,
prima che me fai dì quarche spergiuro
fammete mannà cor grugno ammollo.»

Je dette un carcio sur panzone duro
e a quello co quer corpo ricevuto,
la panza je sonò come 'n tamburo.

«Daje reagisci mo, porco fottuto,
volevi arzà le mano a 'sta poraccia
davanti a me, ma che te sei creduto?»

Eppoi er poveta mulinò le braccia,
tramente quello stava là 'ntontito
e j'allentò 'na pizza in piena faccia.

«Che te penzavi brutto rammollito,
che sò 'n poveta e che menavo piano?
Però 'sto sganassone l'hai sentito!»

Er sommo s'arimise er palandrano,
se n'andiede penzanno soddisfatto:
«Mo sì che posso di d'esse romano!»

Quer che doveva fà, l'aveva fatto...

XV

Salenno pe la riva de mancina
s'aritrovò davanti a 'n acquerello
che 'r còre drent' ar petto te smucina.

«Oh granne Roma de color pastello,
tu nave che resisti a 'gni tempesta,
signora dell'impero e ber bordello...»

Chissà che je frullava ne la testa
quanno je venne in mente 'sta terzina,
ma Roma a fà da musa ben se presta.

Che d'era st'isoletta Tibberina?
'Na barca 'ndo viaggiava quer serpente
che curò Roma co la medicina

der dio Esculapio, sceso tra la gente,
ma er mito lassa er posto tutt'a 'n botto
a la reartà superba e arilucente.

Passanno ponte Emijo, quello rotto
ar sommo l'occhi je sbrilluccicorno
a vede 'sta bellezza là de sotto.

«Appetto all'arba che precede er giorno
quanno dormiva ancor l'anima mia,
sentii 'na voce giovine là intorno;

era 'na donna e disse:» «Io sò Lucia,
lassateme svejà l'uccell che dorme,
sarete più leggero pe la via...»

«Sò dispiaciuto, ormai seguo le orme
pe cercà moje e devo da trovalla,
benché tu ciabbia addosso belle forme.»

«Nun vòi vedè l'angelica farfalla?
Abbasta che la tocchi e schiude l'ova,
vedrai come la senti calla calla,

eddai te faccio fà 'na cosa nòva,
sò una che va lenta o che se spiccia,
'na fica come me mica se trova...

E namo tira fòri 'sta sarciccia!»
«Ao seguiti a stamme a le carcagne,
t'ho detto nun me va e quinni ciccia!

Nun continuà, nun me sta a fà ste lagne.
Ma che voresti quarche sordarello?
Te pago uguale occhei? Però nun piagne.

Fammelo tenè bòno 'sto pisello,
anche perché a Trestevere, ho saputo,
sò sverti de parola e de cortello

e nun vorei che ciai 'n omo cornuto
come m'è capitato ieri ar porto,
peccui lasseme perde e te saluto,

nun vojo morì mo che sò risorto...»

XVI

Lassata quela strada de gran fretta,
er sommo se diresse 'n po' più avanti
sicché doppo imboccò la Lungaretta,

intese bestemmià tutti li santi
e allora domannò a 'na ciumachella
si c'ereno per caso li briganti.

«Macché briganti!» j'arispose quella
facennolo passà quasi pe micco
«Se stanno solo a fà 'na passatella.»

«A coso viè a giocà, ma che sei ricco?»
Lo chiamò un tipo cor bicchiere cormo.
«Eh no, ner marcio io nun me ce ficco,

che si dovessi perde poi ce sformo,
quinni me beverò solo 'n sospiro,
ne devi trovà 'n antro da fà ormo.

Ma prima d'annà via e che m'aritiro,
pe nun alimentà nisun sospetto
ve pago a tutti quanti 'n antro giro.»

«Ma chi te manna, tu sia benedetto,
siccome noi nun semo bòni a nulla
potemo allora fatte un rigaletto?

Va' su de sopra e sceji 'na fanciulla,
offrimo noi, armeno un paro d'ore,
vedrai che com'er vino te trastulla.»

«A me me piace un sacco quer sapore
E quinni grazzie, come si ho accettato,
ma mo nun vojo sesso, cerco amore.»

«E che venghi a Trestevere a cercallo?
Nun te conviene, qua sò solo grane,
devi annà verzo Borgo pe trovallo.

La sì che troverai bòne cristiane
e quelle in cerca de la redenzione,
pentite d'esse state 'n po' puttane.»

«Però me piace 'n frego 'sto rione,
ce vojo venì a vive che sinnò
lo sai che palle sotto ar Cuppolone;

a Borgo mo ce vado, mapperò
trovata moje, senza tarantelle
la porto qua a Trestevere perciò

me compro casa qua, sotto a le stelle!»

XVII

Doppo Santa Rufina e via der Moro
er sommo stette appetto a Ponte Sisto,
ce se fermò a cercà 'n po' de ristoro

quanno penzò che quant'è vero Cristo,
quer ponte era de 'na bellezza rara
e così bello nun l'aveva visto.

Chi vò drento la vita sempre impara
e chi va a 'mparà a Roma ce indovina;
er sommo imboccò via de la Lungara.

Andiede ne la Roma papalina,
ner Borgo che je fece vedè Dio
doppo ch' era passato ne la spina.

«Sta spina rimarà ner còre mio,
nun puncica e sarà 'na cicatrice,
penzo a quer che sarà e nun m'aripio...

Ancora è presto e Dante ve lo dice,
Romani, difennete 'sta città...
Oh cazzo, anvedi là ce sta Beatrice!

Beatrì Beatrì sò Dante, su viè qua!
Madonna, nun ce sto più a capì gnente,
so solo che te devo da sposà!»

Eppoi Beatrice, lei, bella e ridente,
je se mostrò co quelle sue tenute
e ce rimase come 'n deficiente.

«Te giuro, nun sò in vena de battute,
ma ce lo so, sei te l'unica pura,
ammazza quanto stai bene e in salute!»

«Ma che sorpresa a Dà, ero sicura...»
Je disse eppoi je se parò davanti
«...Che nun volevi più la serva oscura.»

«Senti Beatrì, vorgime l'occhi santi,
lo so ch'è 'n po' de tempo che stai a dieta
e nun me frega si n'hai presi tanti.»

Tarmente piena de stupore e lieta,
senza che gnente più Dante je disse
je scoperchiò la fonte che disseta

e prima ancor che le due cosce aprisse,
je prese la capoccia e lo sommerse
e nu' je sembrò vero che inghiottisse;

e quinni lo scanzò eppoi j'offerse
quela divin foresta calla e viva
e co le zinne grosse lo coperse.

Senza più aspettà lassò la riva,
prennenno quela strada co fermento,
morto mejo de come je riusciva

e 'n'aura dorce e 'n grosso godimento
de quela sete che nun è mai sazzia
co cui Beatrice prese er sopravvento.

«Madonna a Dante sto a sentì la grazzia,
nun core, su rallenta, senza fretta,
volemo cantà inzieme 'sto deograzzia?»

«Nu' lo sapevo ch'eri così stretta,
vabbene Dante tuo mo s'arimove
che quest'è gloria, mica 'na vendetta;

la gloria de colui che tutto smòve,
nell'univerzo penetra e risplenne
in d'una parte sì e puro artrove.»

«A Dà, sò una io che se n'intenne
e 'sto calore de st'umori denzi
me pare quasi che principia a scenne.»

«Ma dimme 'n po' Beatrì, mo che ne penzi?
Quanno credevi ch'ero 'n po' diverzo
me se doveveno svejà li senzi.»

E lei: «Eccerto e mo che m'hai sommerzo,
sappi però che nun sò più 'na troia
e me potresti scrive quarche verzo.»

«Ce provo: un giorno preso da la voja
me sò allumato ar sole der tu' viso,
ma ahimè me sò bloccato su la soja;

mo m'arischiari ar lume de 'n soriso

co ste du' gemme de color turchese

me stai a fa vede tutt'er paradiso;

de sopra a te fiammeggia er bell'arnese

più intenzo assai der cèlo ch'è sereno

e de la luna piena de 'gni mese!»

«Che belli a Dà, ma puro 'n po' de meno,

la tu' poesia me scioje e me rimonta

co li colori dell'arcobbaleno.»

Quanno 'na voce disse: «Qua se monta!»

Beatrice impallidita se ritrasse.

«Chi è che se nasconne e nun m'affronta?»

Je disse Dante ormai pronto a 'ncazzasse.
«Quest'è la donna mia e chi ha parlato
venisse fòra eppoi se 'nginocchiasse.»

Ar dunque un borghiciano ciorcinato
se fece avanti inzieme a 'n antro scemo;
«Sò stato io a Dà, me sò sbajato.»

«Ah sì, te sei sbajato? Mo vedemo
si 'n giorno potrai fà 'n'antra cazzata,
ce lo sai Romolo c'ha fatto a Remo?

Te sto pe dà 'na bella cortellata,
in guardia che te faccio er còre a spicchi.»
Eppoi strillò Beatrice emozzionata:

«Amore mio ma lassa stà sti micchi,
torna da me mio prode coraggioso,
se riappartamo e tu me lo rificchi!

Nun ciò più dubbi a Dà, io me te sposo,
te lo sto a dì ner modo più diretto,
però mo annamo e aridamme er coso.»

«Vabbè Beatrì, nun è più tanto eretto,
stavo pe fà un duello nu' lo vedi?»
«A Dà, mejo barzotto che moscetto.

Te faccio 'na cosetta co li piedi
e te farò schioppà sott'a li panni,
vedrai così tesò sippoi procedi.

Vojo restà co te 'n antri cent'anni,
strigneme forte e fa' come 'n vurcano
che si stai drent'a me nun vai a fà danni.»

«Pe te me stavo pe zozzà le mano,
ma mo te metto 'ncinta eppoi indovina?
Domani se sposamo ar Vaticano;

si nascerà un maschietto o 'na bambina
'sta luna j'accarezzerà la pelle,
farà de nome Romolo o Romina.

Grazzie a 'sta Roma, bella tra le belle
avemo finarmente conosciuto
l'amor che mòve er sole e l'artre stelle!»

FINE

Printed in Great Britain
by Amazon

32993513R00055